100년간의 자기탐험

100년간의 자기탐험

초판 1쇄 발행 2022년 3월 25일

지 은 이 김현곤
발 행 인 권선복
편   집 오동희
전 자 책 오지영
발 행 처 도서출판 행복에너지
출판등록 제315-2011-000035호
주   소 (157-010) 서울특별시 강서구 화곡로 232
전   화 0505-613-6133
팩   스 0303-0799-1560
홈페이지 www.happybook.or.kr
이 메 일 ksbdata@daum.net

값 15,000원
ISBN 979-11-5602-997-7 03190

Copyright ⓒ 김현곤, 2022

* 이 책은 저작권법에 따라 보호받는 저작물이므로 무단전재와 무단복제를 금지하며, 이 책의 내용을 전부 또는 일부를 이용하시려면 반드시 저작권자와 〈도서출판 행복에너지〉의 서면 동의를 받아야 합니다.

도서출판 행복에너지는 독자 여러분의 아이디어와 원고 투고를 기다립니다. 책으로 만들기를 원하는 콘텐츠가 있으신 분은 이메일이나 홈페이지를 통해 간단한 기획서와 기획의도, 연락처 등을 보내주십시오. 행복에너지의 문은 언제나 활짝 열려 있습니다.

100년간의 자기탐험

그림으로 생각하는 미래 디자인

김현곤 지음

도서
출판 행복에너지

100세 시대, 나를 찾는 100년간의 탐험

바야흐로 100세 시대다. 우리는 이제 100년 인생을 살아가고 있다. 100년은 결코 짧지 않은 시간이다. 실제로 해마다 1년을 지내고 보면, 1년조차도 꽤 긴 시간이었음을 느낀다. 100년은 그런 1년의 시간을 100번이나 살아가는 기간이다.

그런데 그 100년간의 긴 시간을 살아가는 사람은 누구인가? 바로 우리 자신이다. 세상에서 가장 소중한 나 자신이 100년이라는 긴 시간을 사는 것이다.

인생은 여행이라고들 한다. 하지만 여행이라고만 하기엔 우리 각자의 인생은 너무 귀하고 소중하다. 필자는 인생을 탐험이라고 부르고 싶다. 인생은 자신을 찾는 100년간의 긴 탐험이다. 누구나

한 번도 안 가본 길을 처음 가는 것이므로 탐험이다. 100년이란 긴 시간에 걸쳐 자신을 발견하고 자신의 꿈을 발견하고 자기를 실현할 수 있는, 세상에서 가장 위대한 탐험이다.

이 책은 나 자신을 찾아가는 100년간의 자기탐험을 돕는 비주얼 가이드다. 탐험을 돕는 상세한 지도나 매뉴얼은 없다. 오직 단순한 도형만으로 만든 그림들을 통해 독자들이 스스로 고민하고 생각하게 도우면서 각자의 자기탐험을 안내하는 특별한 그림책이다. 그림 자체는 단순하기 짝이 없지만, 독자들에게 100년간의 자기탐험 길잡이가 될 수 있는 가치 있는 그림들이 될 것이라 믿는다.

책은 크게 두 부분으로 구성되어 있다. 제1부는 자기탐험편이다. 나라는 나라에서 시작해서 100년 인생을 점검하고 100년간의 자기탐험을 잘 준비해서 떠나도록 안내하고 있다. 제2부는 미래공부편이다. 100년간의 자기탐험이 앞으로 다가올 시간 동안의 탐험임을

고려해서, 미래전망, 미래전략, 미래역량을 공부하는 데 도움이 되는 그림들을 제시했다.

제1부 자기탐험

제1장	제2장	제3장
나라는 나라	100년 인생	100년간의 자기탐험

↑ ## 제2부 미래공부 ↑

제4장	제5장	제6장
미래 전망	미래 전략	미래 역량

자기탐험은 각자의 일생에 걸쳐 평생 계속된다. 자기탐험의 구체적인 내용도 사람에 따라 모두 다르다. 그리고 자기탐험의 궁극적인 목적은 자기발견과 자기실현이다. 이 책은 이를 위한 작은 그림 가이드다.

독자들이 이 책의 그림들을 보면서, 자신만의 100년 인생, 100년간의 자기탐험을 멋지게 만들어가는 데 유익한 힌트와 통찰력을 발견하길 진심으로 바란다.

2022년 봄을 맞으며

저자 김현곤

<차례>

프롤로그   100세 시대, 나를 찾는 100년간의 탐험 ⋯⋯ 004

제1부

자기탐험

제1장 나라는 나라

01 나라는 나라 ⋯⋯⋯⋯⋯⋯⋯⋯⋯⋯⋯⋯⋯⋯⋯⋯⋯ 018

02 나라는 꽃 ⋯⋯⋯⋯⋯⋯⋯⋯⋯⋯⋯⋯⋯⋯⋯⋯⋯⋯ 020

03 나라는 기계 ⋯⋯⋯⋯⋯⋯⋯⋯⋯⋯⋯⋯⋯⋯⋯⋯ 022

04 나의 특성 ⋯⋯⋯⋯⋯⋯⋯⋯⋯⋯⋯⋯⋯⋯⋯⋯⋯ 024

05 나와 빙산 ⋯⋯⋯⋯⋯⋯⋯⋯⋯⋯⋯⋯⋯⋯⋯⋯⋯ 026

06 사랑과 나 ································· 028

07 꿈과 나 ··································· 030

08 공부와 나 ······························· 032

09 나의 가치 방정식 ······················ 034

10 나를 만드는 것 (1) ····················· 036

11 나를 만드는 것 (2) ····················· 038

12 자기발견 (1) ··························· 040

13 자기발견 (2) ··························· 042

14 자기발견 방법 (1) ····················· 044

15 자기발견 방법 (2) ····················· 046

16 나와의 경쟁시대 ······················· 048

탐험 쉼터 ①: 나와의 경쟁시대 ············ 050

제2장 100년 인생

01 100년 인생모델 ························· 056

02 21세기 인생모델 ························ 058

03 100년 인생달력 ························· 060

04 라이프는 라이브다 ····················· 062

05 인생 질문 ······························ 064

06 인생 모래시계 ·························· 066

07 시간은 생명 ···························· 068

08 시간사용법은 생명사용법 ··············· 070

09 삶과 하루 (1) ·························· 072

10 삶과 하루 (2) ···················· 074

11 인생 살기 ······················ 076

12 인생검진 ······················ 078

13 인생 시나리오 ··················· 080

14 인생과 돈 ······················ 082

15 고령화 vs 장수 ·················· 084

16 축복 vs 재앙 ···················· 086

탐험 쉼터 ②: 100년 인생달력 ········· 088

제3장 100년간의 자기탐험

01 인생은 탐험 (1) ·················· 094

02 인생은 탐험 (2) ·················· 096

03 가장 위대한 탐험 ················· 098

04 자기탐험 활동 ··················· 100

05 자기실현 활동 ··················· 102

06 자기탐험으로 얻는 보물 (1) ········· 104

07 자기탐험으로 얻는 보물 (2) ········· 106

08 자기탐험으로 얻는 보물 (3) ········· 108

09 자기탐험의 끝 ··················· 110

10 자기탐험 소요시간 ··············· 112

11 자기탐험 제1무기 ················ 114

12 자기탐험 행동지침 ··············· 116

13 자기탐험 마음가짐 ··············· 118

14 자기탐험 성공요건 ·································· 120

15 자기탐험 지속조건 ·································· 122

16 나무의 자기탐험 ·································· 124

탐험 쉼터 ③: 자기탐험 ·································· 126

제2부

미래공부

제4장 미래전망

01 미래 패러다임 (1) ·································· 134

02 미래 패러다임 (2) ·································· 136

03 21세기의 두 A혁명 ·································· 138

04 제4물결과 휴먼혁명 ·································· 140

05 인구변화와 미래변화 ·································· 142

06 중간연령 변화 ·································· 144

07 개인의 시대 ·································· 146

08 미래전망 vs 미래준비 ·································· 148

09 미래를 맞이하는 태도 ·································· 150

10 미래를 보는 관점 ·································· 152

11 불확실성을 보는 관점 ·································· 154

12 리스크를 보는 관점 ·································· 156

탐험 쉼터 ④: 인공지능 vs 고령화 ·································· 158

제5장 탐험전략

01 미래를 그리는 방법 ……………………… 164

02 질문이 먼저다 …………………………… 166

03 행복에 관한 질문 ………………………… 168

04 프레임 전환 ……………………………… 170

05 원점사고 ………………………………… 172

06 꿈 ………………………………………… 174

07 21세기형 자원 …………………………… 176

08 자유가 힘 ………………………………… 178

09 삶과 자유 ………………………………… 180

10 일요일 vs 52일 …………………………… 182

탐험 쉼터 ⑤: 자유가 힘이다 ……………… 184

제6장 미래역량

01 4대 미래역량 ……………………………… 190

02 두 가지 교육 ……………………………… 192

03 학교교육 vs 평생학습 …………………… 194

04 21세기형 교양교육 ……………………… 196

05 새로운 교육, 개성교육 …………………… 198

06 미래자본 ………………………………… 200

07 일이 주는 혜택 …………………………… 202

08 일과 소득곡선 …………………………… 204

09 스포츠와 인생 …………………………… 206

10 자연은 비타민N ······································· 208

11 개인발전 vs 사회발전 (1) ························· 210

12 개인발전 vs 사회발전 (2) ························· 212

탐험 쉼터 ⑥: 미래는 ㅁㅁ다 ······················· 214

에필로그 그림으로 생각하는 인생디자인 미래디자인 ·· 218

출간후기 ··· 220

제1부

자
기
탐
험

제1장

나라는
나라

I
나라는 나라

우리나라

나라는 나라

자기탐험이란?

나라는 나라를 탐험하는 것

2
나라는 꽃

너 귀를 기울여
이 꽃의 말을 들어라.

장미가 아니니
꽃피지 않겠다고 말하는지.

-도쿠토미 로카(德富蘆花, 1868~1927), 〈자연과 인생〉 중 -

나는
나의 꽃을 피운다

3
나라는 기계

그 어떤 기계보다도
더 훌륭한 기계를
우리는 이미 소유하고 있다.

모든 사람이
그런 기계를 갖고 있다.

그 기계는 바로
우리 자신이다.

- 아놀드 베넷(Arnold Bennet, 1867~1931),
  〈The Human Machine〉 중 -

인간도 하나의 기계다.
자기자신이라는 신비한 기계다.

4
나의 특성

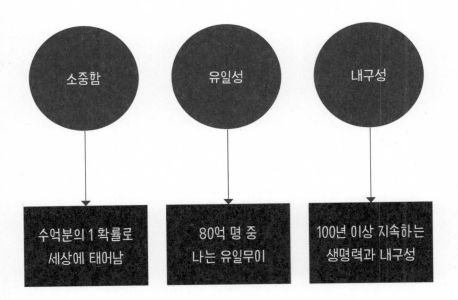

소중함

유일성

내구성

수억분의 1 확률로
세상에 태어남

80억 명 중
나는 유일무이

100년 이상 지속하는
생명력과 내구성

자기탐험을 떠나기 전에
누구나 가진 나 자신의 본질적 특성에 대해서 먼저 알자:

소중함 + 유일성 + 내구성

5
나와 빙산

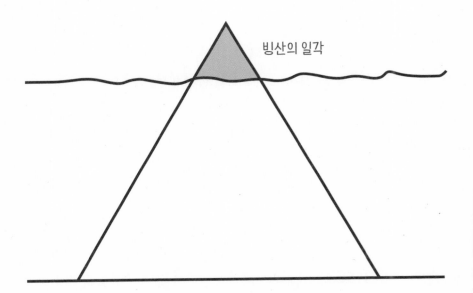

빙산의 일각

내가 발견하고 실현한 나 자신은

빙산의 일각에 불과하다.

6
사랑과 나

세상에서 내가 가장 사랑해야 할 사람은?

나 자신!

1
꿈과 나

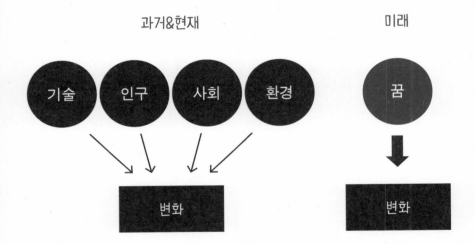

변화의 진정한 원동력은

기술, 인구, 환경 등 외부요인이 아니라
개개인이 가진 꿈이다.

8
공부와 나

| 공부 | = | 세계에 대한 배움 | + | 나 자신에 대한 배움 |

| 공부의 목적 | = | 세상을 변화시키는 것 | + | 자신을 변화시키는 것 |

공부란

세계와 나 자신에 대한 배움입니다.

공부는

세계를 변화시키고 자기를 변화시키는 것입니다.

- 신영복, 〈담론〉 -

9
나의 가치 방정식

나의 가치 방정식의 예:

나의 가치 = 나의 건강증진 + 나의 학습 + 나의 취미활동 + 나의 소득
+ 가족에의 기여 + 커뮤니티에의 기여 + 사회에의 기여 + ⋯

나를 만드는 것 (1)

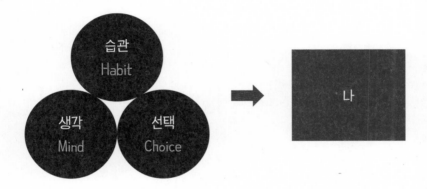

Q: 무엇이 나를 만드는가?

A: 나의 생각과 나의 선택과 나의 습관이 나를 만든다.

II
나를 만드는 것 (2)

나 = Σ(나의 생각) + Σ(나의 선택) + Σ(나의 습관)

나는 나의 생각과 나의 선택과 나의 습관의 합이다.

12
자기발견 (1)

콜럼버스   나

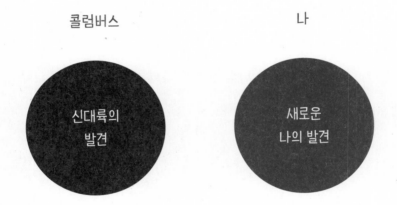

신대륙의 발견   새로운 나의 발견

우리 자신의 발견은

세상의 발견보다 중요하다.

- 찰스 핸디, 〈찰스 핸디의 포트폴리오 인생〉 중 -

자기발견 (2)

자기계발 이전에
자기발견부터!

자기발견 방법 (1)

자기를 발견하는 4개의 질문

나 자신을 알고 싶은가?
나의 장점, 행복, 습관, 꿈에 관해 질문하고 답해라.
나도 모르던 나 자신을 발견하게 될 것이다.

15

자기발견 방법 (2)

(앞면) 성명 _____

나의 장점	내가 행복할 때
1 _____	1 _____
2 _____	2 _____
3 _____	3 _____
4 _____	4 _____
5 _____	5 _____
6 _____	6 _____
7 _____	7 _____
8 _____	8 _____
9 _____	9 _____
10 _____	10 _____
11 _____	11 _____
12 _____	12 _____
13 _____	13 _____
14 _____	14 _____
15 _____	15 _____
16 _____	16 _____
17 _____	17 _____
18 _____	18 _____
19 _____	19 _____
20 _____	20 _____
21 _____	21 _____
22 _____	22 _____
23 _____	23 _____
24 _____	24 _____
25 _____	25 _____

(뒷면) 성명 _____

나의 좋은 습관	내가 하고 싶은 것
1 _____	1 _____
2 _____	2 _____
3 _____	3 _____
4 _____	4 _____
5 _____	5 _____
6 _____	6 _____
7 _____	7 _____
8 _____	8 _____
9 _____	9 _____
10 _____	10 _____
11 _____	11 _____
12 _____	12 _____
13 _____	13 _____
14 _____	14 _____
15 _____	15 _____
16 _____	16 _____
17 _____	17 _____
18 _____	18 _____
19 _____	19 _____
20 _____	20 _____
21 _____	21 _____
22 _____	22 _____
23 _____	23 _____
24 _____	24 _____
25 _____	25 _____

나를 찾아가는 마법의 종이 한 장:

'나'라는 제품을 설명하는 100개의 안내문이 들어 있는
마법의 종이 한 장을 만들어보자.

16
나와의 경쟁시대

미래는 새로운 경쟁시대

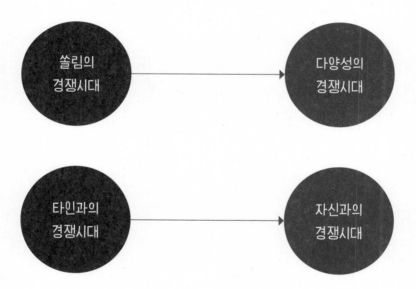

쏠림의
경쟁시대

다양성의
경쟁시대

타인과의
경쟁시대

자신과의
경쟁시대

꽃들은 서로 경쟁하지 않는다.
자신만의 꽃을 피울 뿐이다.
우리도 꽃처럼
쏠림사회, 경쟁사회를 넘어야 한다.

개개인이 자신만의 꿈을 추구하는
다양성의 경쟁시대를 열어야 한다.
타인과의 경쟁시대를 넘어
자신과의 경쟁시대를 열어야 한다.

탐험 쉼터 ①: 나와의 경쟁시대

자연은 다채롭다. 각양각색의 꽃들이 어우러져 핀다. 꽃이 피는 계절도 각양각색이다. 꽃들은 서로 경쟁하지 않는다. 그저 자신만의 꽃을 피울 뿐이다. 그렇게 핀 모든 꽃은 하나같이 아름답다.

사람도 각자 다르다. 얼굴, 생각, 행동도 다 다르다. 장점과 재능, 역량도 백인백색이다. 그런데 이렇게 다양한 사람들이 모인 우리 사회의 모습은 그렇지가 않다. 한마디로 쏠림사회다.

학교교육은 지식과 성적 중심이다. 좋은 대학에 입학하는 것이 대부분 학생들의 가장 큰 목표다. 공부와 성적에만 매달리다 보니, 자신이 가진 재능과 꿈을 키울 시간은 거의 없다.

이렇게 성장하다가 어른이 된다. 이미 어른이 된 우리도 어릴 때 그런 교육을 받았다. 학교에서 하나의 정답만을 요구받으며 자랐다. 우리 사회가 다양성이 부족한 것은 어쩌면 당연한 귀결인지도 모른다.

조직에서 구성원의 다양성이 존중될 때 창조와 혁신의 가능성이 더 높다는 것은 누구나 안다. 사회도 마찬가지다. 개개인이 자신만의 재능과 꿈을 다양하게 추구할 때 더 건강한 사회가 된다. 개인도 더 행복해진다. 모두가 잘 알면서도 우리 사회는 왜 여전히 다양성이 부족할까? 개성과 다양성을 자유롭게 추구하고 도전하게 만드는 사회분위기가 미흡하기 때문이다.

영국의 사상가 존 스튜어트 밀은 저서 〈자유론〉에서 민주주의의 두 조건을 제시하였다. 각자가 자신의 자유를 마음껏 발휘하면서 동시에 다른 사람의 자유를 존중할 때 민주주의를 꽃피울 수 있다고. 필자는 이 말을 이렇게 해석하고 싶다. 각자의 개별성을 최대한 발휘하면서 다른 사람의 다양성을 존중할 때 더 나은 사회를 만들 수 있다고.

이제는 경쟁의 패러다임을 바꿔야 한다. 성적과 쏠림의 경쟁시대를 넘어 다양성의 경쟁시대를 열 때다. 타인과의 경쟁시대를 넘어 자신과의 경쟁시대를 열어가자. 그것이 모두가 공감하는 행복한 사회로 가는 길이다.

한강의 기적으로 불리는 과거의 성장은 하나의 명확한 목표 아래 국민 모두가 하나가 되어 이루어낸 것이다. 미래의 성장은 개인의 꿈이 이끈다고 필자는 믿는다. 학교에서도 가정에서도 성적을 넘어 학생과 자녀의 개성과 재능을 키워주는 사회적 분위기를 함께 만들자. 개개인이 가진 꿈과 재능을 지지하고, 각 개인이 자신만의 개성과 다양성을 마음껏 발휘하도록 응원하고 지원하자. 미래의 새로운 기적을 만드는 방법이다.

국회미래연구원이 최근 실시한 설문조사에 의하면, 대한민국이 해결해야 할 가장 시급한 미래의제로 '불평등과 양극화의 심화'가

선택되었다. 불평등과 양극화를 해결하고 사회통합을 이루는 것은 우리 시대의 제1과제다. 경제적인 지원은 한계가 있다. 성적이 좋든 나쁘든, 잘살든 못살든, 모든 사회 구성원이 자기의 꿈과 재능을 찾고 자신의 자유와 개성을 마음껏 발휘할 수 있도록 지원하는 사회시스템을 구축하는 것이 근본적인 해법이 될 수 있다. 다양성의 경쟁시대를 열자. 나와의 경쟁시대를 열어가자.

※ 〈탐험 쉼터〉는 2021년 11월과 12월에 매일경제신문 〈매경춘추〉에 게재된 필자의 칼럼에서 발췌한 것이다.

제2장

100년
인생

100년 인생모델

평생 현역	자기실현	평생 현역
	여가	
	관계	
	가족	
	소득	
평생학습		
평생건강		

100년 인생모델:

건강과 학습은 인생의 토대

일은 인생의 뼈대

2
21세기 인생모델

20세기 인생 모델

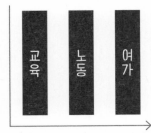

21세기 인생 모델

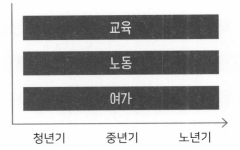

21세기 인생모델:

20세기 인생모델은 세로모델

21세기 인생모델은 가로모델

3
100년 인생달력

1년 달력

100년 인생달력

1세	_____	51세	_____
2세	_____	52세	_____
3세	_____	53세	_____
4세	_____	54세	_____
5세	_____	55세	_____
......		......	
......		......	
21세	_____	71세	_____
22세	_____	72세	_____
23세	_____	73세	_____
24세	_____	74세	_____
25세	_____	75세	_____
......		......	
......		......	
31세	_____	81세	_____
32세	_____	82세	_____
33세	_____	83세	_____
34세	_____	84세	_____
35세	_____	85세	_____
......		......	
......		......	
46세	_____	96세	_____
47세	_____	97세	_____
48세	_____	98세	_____
49세	_____	99세	_____
50세	_____	100세	_____

올해의 달력도 중요하지만,
더 중요한 나의 100년 인생달력을 만들어보자.

4
라이프는 라이브다

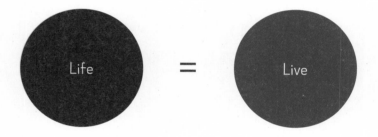

라이프는 매순간 언제나 라이브다.

5
인생 질문

나는
어떤 사람으로
살고 싶은가?

≒

나의 장례식에서
사람들이 나를
어떻게 묘사해주길
바라는가?

자기탐험을 위해 던지는 가장 중요한 질문:

나는 어떤 사람으로 살고 싶은가?

6
인생 모래시계

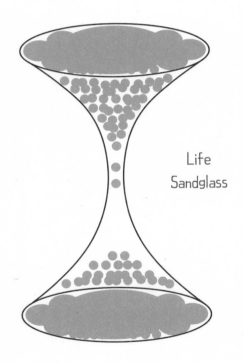

Life
Sandglass

내 인생의 모래시계는
지금 몇 시쯤일까?

한 번씩 이런 생각을 해보는 것이
내 인생을 값지게 살게 해준다.

1
시간은 생명

1. 시간은 끝없이 흘러간다.
2. 그러나 나에게 주어진 시간은 언젠가 바닥이 난다.

3. 그러므로 나의 시간은 나의 생명과 같다.

8
시간사용법은 생명사용법

時間の使い方は、そのまま、いのちの使い方なのです。
시간의 사용법은 고스란히 생명의 사용법인 겁니다.

- 渡辺和子 ＜置かれた場所で咲きなさい＞ -
- 와타나베 가즈코, 〈놓여진 자리에서 피어나세요〉 중 -

9
삶과 하루 (1)

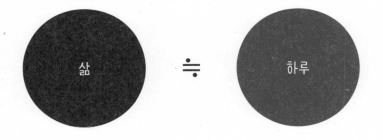

하루하루가 모여 삶이 된다.
우리의 삶은 우리의 하루를 닮았다.

10
삶과 하루 (2)

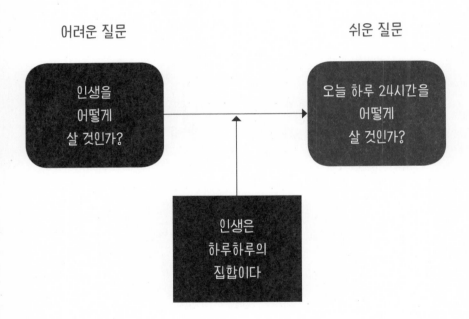

어려운 질문

인생을
어떻게
살 것인가?

쉬운 질문

오늘 하루 24시간을
어떻게
살 것인가?

인생은
하루하루의
집합이다

Q1: 인생을 어떻게 살아갈 것인가?

　　- 어려운 질문이다. 실천하기도 어렵다.

↓

인생은 실은 하루하루의 집합이다.

↓

Q2: 오늘 하루 24시간을 어떻게 살아갈 것인가?

　　- 상대적으로 쉬운 질문이다. 실천하기도 쉽다.

||
인생 살기

내 물건 사기

내 인생 살기

내 물건을 사듯이
내 인생을 살아라.

내 물건을 내가 선택했듯이
내 인생도 내가 선택해야
후회가 적어진다.

12
인생검진

신체   삶

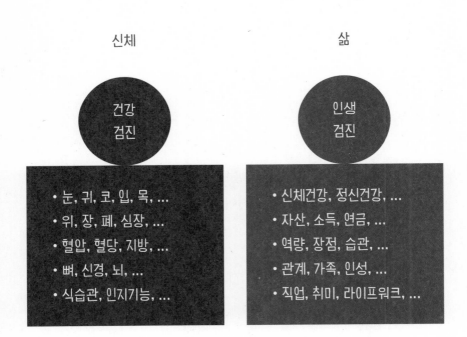

건강 검진	인생 검진
• 눈, 귀, 코, 입, 목, ...	• 신체건강, 정신건강, ...
• 위, 장, 폐, 심장, ...	• 자산, 소득, 연금, ...
• 혈압, 혈당, 지방, ...	• 역량, 장점, 습관, ...
• 뼈, 신경, 뇌, ...	• 관계, 가족, 인성, ...
• 식습관, 인지기능, ...	• 직업, 취미, 라이프워크, ...

매년 1회 건강검진
매년 1회 인생검진

13
인생 시나리오

나의 미래 시나리오 1

이대로 가면
나의
15년 후는?

나의 미래 시나리오 2

더 낮게 바꾼다면
나의
15년 후는?

지금까지 미래 시나리오 플래닝은
사회차원, 조직차원에서만 이루어져 왔다.

이제는 나를 위한
미래 시나리오 플래닝이 필요한 때다.

14
인생과 돈

자산 프레임

얼마를
벌어두면
좋을까?

소득 프레임

매월
얼마를 벌면
좋을까?

인생후반전 준비 프레임의 전환:

자산 프레임 → 소득 프레임

고령화 vs 장수

15

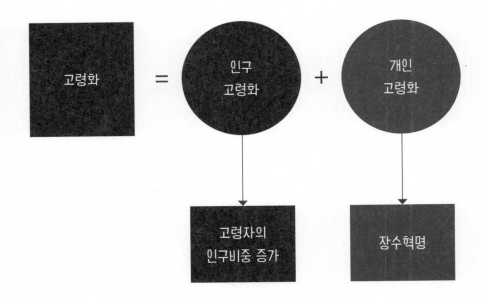

고령화의 두 얼굴 = 인구고령화 + 개인고령화

→ 고령화를 이렇게 두 가지 현상으로 구분해서 파악해야
대응전략도 사회차원과 개인차원으로 나누어 좀 더 명확히 수립 가능

※ 아이디어 출처: 이수영 외, 〈국가와 기업의 초고령사회 성공전략〉

16
축복 vs 재앙

장수에 관한 생각 1

장수는
축복이 아니라
재앙이다

장수에 관한 생각 2

장수는
재앙이 아니라
축복이다

장수에 관해 어떻게 생각하는 것이 더 도움이 될까?

장수에 관한 나의 생각은?

탐험 쉼터 ②: 100년 인생달력

　12월이다. 올해 달력도 한 장 남았다. 곧 새해 달력을 받게 될 거 같다. 삶과 인생에 대해 많은 생각을 하게 만드는 시간이 또 시작되고 있다.

　달력을 보면서 문득 몇 년 전에 필자가 만들어보았던 엉뚱한 달력이 떠올랐다. '100년 인생달력'이다. 달력하면 말 그대로 한 달씩 나누어서 1년의 시간을 기록한 표다. 물론 스마트폰 속의 디지털 캘린더는 2100년까지도 보여주지만, 우리가 흔히 보는 종이달력으로는 한 달의 시간 또는 1년의 제한된 시간만을 볼 수 있는 게 보통이다.

　근데 우리의 삶은 이제 최소한 100세 인생이다. 나의 인생 전체를 간단하게 한눈에 볼 수 있는 방법은 없을까? 이런 질문을 던지고 시도해 본 것이 100년 인생달력이다.

만들기도 어렵지 않다. A4 크기 종이 한 장을 준비한다. 맨 위에
'○○○의 100년 달력'이라고 제목을 달고, 왼쪽 위에서 아래로 자
신의 출생연도부터 이후 50년간의 연도를 죽 내리쓴다. 마찬가지로
오른쪽 위에서 아래로 자신이 51세가 되는 연도부터 100세 연도까
지 써내려간다. 그러면 인생달력의 틀이 만들어진 셈이다. 참고로
필자의 경우에는 1961년~2060년까지의 100년 달력이 탄생한다.

지금부터는 각자가 살아온 시간만큼의 빈 칸을 채우는 작업이 남
았다. 자신이 30살이면 100칸 중 서른 칸, 60세라면 60칸을 채운다.
최대한 단순하게 자신의 인생에서 가장 기억에 남을 것들만 간단히
기록한다. 학교와 직업 이력, 성취와 기쁨의 순간, 경험했던 큰 사
건, 인생전환의 시간 등을 포함해서 자신의 가장 중요한 역사를 자
유롭게 적는다. 필자는 100년 달력을 56세 때 처음 만들어보았다.
그리고 최근에 지난 5년간의 나의 역사를 추가했다.

우리는 보통 하루하루를 살아가기 바쁘다. 계획을 세워도 한두 달 또는 1년 정도에 그친다. 자신의 10년, 20년 뒤를 생각해 볼 엄두가 나질 않는다. 먼 미래는 손에 잡히지도 않는다. 그런데 실은 우리의 인생은 너무도 길어졌다. 100년을 넘게 살아가게 된다. 쉽지는 않지만 긴 안목을 가지고 우리의 인생을 설계해야 한다.

한 치 앞을 내다보기 힘들고 먼 길을 가야만 하는 우리 인생이기에 삶을 위한 나침반과 망원경이 필요하다. 명확한 답을 제시하지는 않지만, 나의 100년 인생달력은 좀 더 가치있는 인생을 만드는 실마리를 줄 수 있다. 건강, 가족, 역량, 라이프워크를 포함해서 자신의 긴 인생을 전체적으로 생각해보고 더 나은 미래를 준비하게 만드는 힘이 있는 달력이다.

이 독특한 달력을 만들어보면, 남녀노소 누구나 많은 것을 느낄 수 있고 얻을 수 있다. 지나온 나의 인생을 종이 한 장에 담을 수도 있고, 남은 빈 칸을 어떻게 채울지 고민하고 계획하게 만들기도 한다. 한마디로 내 인생을 담은 마법의 종이 한 장이다. 올해가 가기 전에 나의 100년 인생달력을 한번 만들어보면 어떨까?

제3장

100년간의
자기탐험

인생은 탐험 (1)

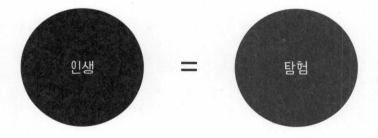

인생은 여행이다?

인생은 탐험이다!

- 김현곤 -

※ 탐험: 발견을 목적으로 하는 여행

Exploration: to travel for the purpose of discovery

인생은 탐험 (2)

인생이란 누구에게나 처음이기 때문에
한 번도 안 가본 길을 가는 것과 같다

그래서 인생은 탐험이다

인생은 탐험이다.

누구에게나 한 번도 안 가본 길을 처음 가는 것이므로.

3
가장 위대한 탐험

정글
탐험

지구
탐험

우주
탐험

미래
탐험

...

자기
탐험

이 세상에서 가장 위대한 탐험은

자기탐험이다.

4
자기탐험 활동

활동 1

자기
발견

활동 2

자기
실현

삶에서 가장 중요한 두 가지 활동

1. 자기발견: 나 자신을 아는 일
2. 자기실현: 나의 꿈, 나다움을 실현하는 일

5
자기실현 활동

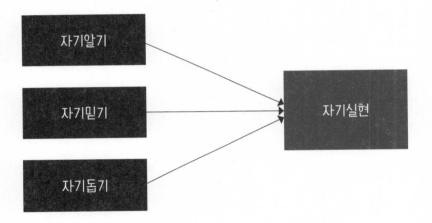

자기알기

자기믿기

자기돕기

자기실현

자기실현을 위한 세 가지 필수활동:

1. 자기알기
2. 자기믿기
3. 자기돕기

자기탐험으로 얻는 보물 (1)

자기탐험으로
얻는
최고의 보물은?

=

나!

자기탐험으로 얻는 최고의 보물은
바로 나 자신이다.

1
자기탐험으로 얻는 보물 (2)

나의 꿈을 발견하는 것은
어려운 작업이다.

자기알기를 기반으로
나의 꿈을 발견해 보자.

자기탐험으로 얻는 보물 (3)

개별성은

인간을 행복하게 만드는 중요한 요소 가운데 하나이자

개인과 사회의 발전에 결코 빼놓을 수 없는 요소다.

- 존 스튜어트 밀(1806~1873), 〈자유론〉 중 -

9
자기탐험의 끝

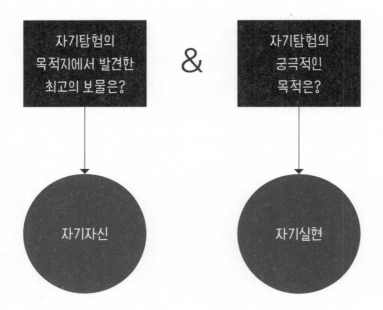

자기탐험의 목적지에서 발견한 최고의 보물은 바로 자기자신이고,
자기탐험의 궁극적인 목적은 자기실현이다.

자기탐험 소요시간

자기탐험
소요시간

=

평균 100 ~ 120년

자기탐험은
일생에 걸쳐 계속된다.

우리는
어떤 준비를 해야 하고
어떤 자세를 가져야 할까?

‖
자기탐험 제1무기

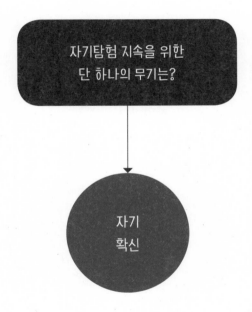

자기탐험 지속을 위한
단 하나의 무기는?

자기
확신

자기탐험을 끝까지 지속하기 위한
단 하나의 무기는?

자기확신!

12
자기탐험 행동지침

너 자신을
알라
-소크라테스-

너 자신을
믿어라
-괴테-

너 자신을
도와라
-새무얼 스마일즈-

자기탐험을 위한 행동지침:

1. 너 자신을 알라 -소크라테스-

2. 너 자신을 믿어라 -괴테-

3. 너 자신을 도와라 -새무얼 스마일즈-

13

자기탐험 마음가짐

자존감
Self-Respect

자신감
Self-Confidence

자기책임감
Self-Responsibility

자기탐험을 위한 마음가짐:

1. 자기자신을 존중하라
2. 자기자신을 믿어라
3. 자기자신에게 책임감을 가져라

14
자기탐험 성공요건

성공적인 탐험가에게서 배우는 자기탐험 성공요건:

목적의식과 비전, 신념과 끈기, 발견과 개척

15
자기탐험 지속조건

의미 & 재미

탐험을 하면서
의미를 찾고 재미를 더해라.
또는 재미를 찾고 의미를 더해라.
그래야 지속할 수 있다.

자기탐험도 마찬가지다.

16
나무의 자기탐험

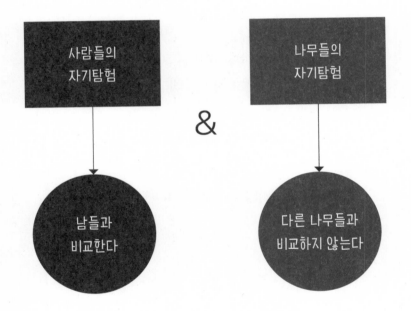

나무는
평생 자기만의 탐험을 해간다.

사람들이 배울 점이다.

탐험 쉼터 ③: 자기탐험

인생이란 뭘까? 수많은 대답이 있다. 인생은 여행이다. 인생은 전쟁터다. 인생은 한 권의 책이다. 인생은 만남이다. 인생은 긴 생방송이다. 인생은 나그네 길이다. 인생은 항해다. 인생은 초콜렛 상자다…

실제로 우리 인생에는 여행, 전쟁, 책, 만남, 항해가 다 들어있는 것 같다. 불변의 답을 찾기는 어렵지만, 인생이란 도대체 뭘까 하는 질문은 어느 나이에서든 몇 번이든 던지고 답해볼 가치가 있어 보인다.

필자는 인생을 자기탐험이라고 정의하고 싶다. 탐험을 사전에서 찾아보면 '발견을 목적으로 하는 여행'이라고 되어 있다. 그렇다면 인생은 자기발견과 자기실현을 목적으로 하는 100년 이상의 긴 탐험인 셈이다.

탐험이란 말은 듣기만 해도 왠지 가슴이 설레는 단어다. 탐험의 대상도 수없이 많다. 정글탐험, 해저탐험, 역사탐험, 남극탐험, 우주탐험… 어떤 탐험이든 탐험은 어딘가에 숨겨져 있을 귀한 보물을 찾아가는 여정으로, 희망과 고난, 두려움과 용기가 공존하는 가슴 뛰는 말이다.

우리가 세상을 살아가면서 반드시 해야 할 탐험은 뭘까? 인생이 자기탐험이라면, 각 개인의 입장에서 볼 때 필수적인 탐험은 자기탐험이 아닐까. 외부세계를 발견하는 그 어떤 탐험보다도 우선되어야 할 가장 중요한 탐험이다.

그렇다면 자기탐험의 시작은 뭘까? 자기탐구와 자기발견이다. 우리는 자신을 잘 아는 거 같지만 실제로는 잘 모른다. 자신이 어떤 사람이란 걸 어렴풋이 알지만, 확실한 답을 가지고 있지는 않다. 실제로 자기의 적성이 뭔지, 자신이 정말 하고 싶은 것이 무엇인지 잘 모르겠다는 사람들이 나이와 무관하게 의외로 많다. 대부분의 사람들이 자신을 찾는 작업을 충분히 배운 적도 해본 적도 없기 때문이다.

물론 자기를 찾는 작업이 쉽지는 않다. 그렇지만 쉬운 것부터 차근차근 하면 어려울 것도 없다. 예를 들어, 나의 장점, 나의 좋은 습관, 내가 행복할 때, 내가 하고 싶은 것을 각각 생각나는 대로 죽 써 보자. 이런 간단한 작업만 해보아도, 나도 몰랐던 나 자신의 멋진 모습에 대해서 새롭게 알게 될 가능성이 높다.

나의 장점, 습관, 행복, 희망을 각각 25개씩 썼다면, 100개의 텍스트로 된 자기라는 제품의 설명서를 만든 셈이 된다. 이런 한두 장의 종이가 자신을 발견하는 좋은 열쇠가 될 수도 있다. 자신의 꿈을 찾고 자신이 원하는 미래를 만드는 데 도움도 되고, 자기실현을 위한 실마리가 될 수도 있다.

이렇게 나 자신을 설명하는 100개의 텍스트를 만들어보는 작업 자체가 자기발견과 자기실현을 위한 알찬 준비가 될 수 있다. 한두 시간을 투자해서 자신의 길고 긴 인생의 방향을 제시하는 나침반을 만들 수 있다.

내 인생의 주인이자 주인공은 나 자신이다. 만일 인생이 자기탐험이라면 탐험의 최종 목적지에서 얻는 보물은 뭘까? 자기탐구와 자기발견을 통해 자기다움을 실현해 내는, 바로 자기자신이 아닐까.

제2부

미래공부

제4장

미래
전망

미래 패러다임 (1)

외부 환경변화	내부 인간변화
지능화	고령화
기후 위기	개인화

미래 100년간의 패러다임 변화 = 외부 환경변화 + 내부 인간변화

= (지능화+기후위기) + (고령화+개인화)

미래 패러다임 (2)

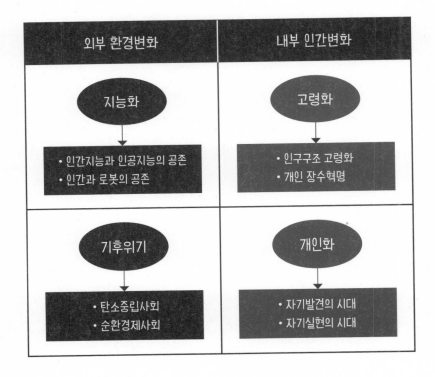

외부 환경변화	내부 인간변화
지능화	**고령화**
• 인간지능과 인공지능의 공존 • 인간과 로봇의 공존	• 인구구조 고령화 • 개인 장수혁명
기후위기	**개인화**
• 탄소중립사회 • 순환경제사회	• 자기발견의 시대 • 자기실현의 시대

미래 100년간의 패러다임 변화: 결과 전망

1. 지능화: 인간지능과 인공지능의 공존, 인간과 로봇의 공존
2. 기후위기: 탄소중립사회, 순환경제사회
3. 고령화: 인구구조 고령화, 개인 장수화
4. 개인화: 자기발견의 시대, 자기실현의 시대

3
21세기의 두 A혁명

AI혁명

인공지능혁명

AI
Revolution

Age혁명

장수혁명

Age
Revolution

21세기의 두 A혁명:

AI혁명은

인간에 영향을 미치는 기술혁명

Age혁명은

수명이 확 늘어나는 인간 자체의 혁명

4
제4물결과 휴먼혁명

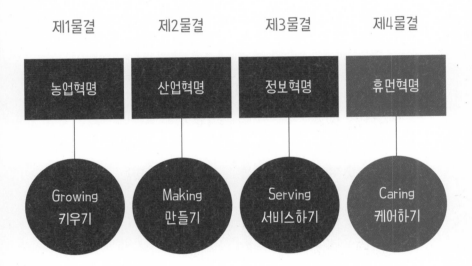

제1물결   제2물결   제3물결   제4물결

농업혁명   산업혁명   정보혁명   휴먼혁명

Growing   Making   Serving   Caring
키우기   만들기   서비스하기   케어하기

제4물결에 관한 두 가지 견해:

견해1: 농업혁명 → 산업혁명 → 정보혁명 → 지능혁명
견해2: 농업혁명 → 산업혁명 → 정보혁명 → 휴먼혁명

5

인구변화와 미래변화

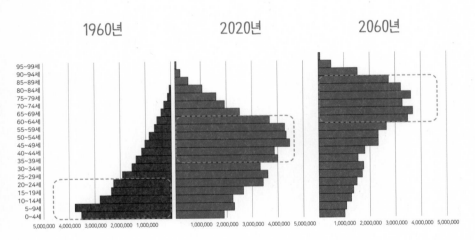

1960년   2020년   2060년

95~99세
90~94세
85~89세
80~84세
75~79세
70~74세
65~69세
60~64세
55~59세
50~54세
45~49세
40~44세
35~39세
30~34세
25~29세
20~24세
15~19세
10~14세
5~9세
0~4세

5,000,000 4,000,000 3,000,000 2,000,000 1,000,000   1,000,000 2,000,000 3,000,000 4,000,000 5,000,000   1,000,000 2,000,000 3,000,000 4,000,000 5,000,000

전체인구의 50% 이상을 차지하는 부분

1960년: 0~20세가 전체 인구의 50%를 넘는 시대

(국민평균연령 23.1세)

2020년: 30대~60대가 전체 인구의 50%를 넘는 시대

(국민평균연령 42.7세)

2060년: 60대~80대가 전체 인구의 50%를 넘는 시대

(국민평균연령 56.0세)

6
중간연령 변화

중간연령의 변화

1980년	2020년	2060년
21세	43세	61세
청년사회	중년사회	노년사회

1980년: 청년사회 - 중간연령 21세
2020년: 중년사회- 중간연령 43세
2060년: 노년사회 - 중간연령 61세

※ 중간연령 또는 중위연령:
총인구를 연령순으로 나열할 때, 정중앙에 있는 사람의 해당 연령

1
개인의 시대

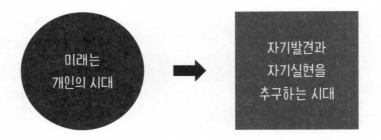

미래는

자기발견과 자기실현을 추구하는

개인의 시대

미래전망 vs 미래준비

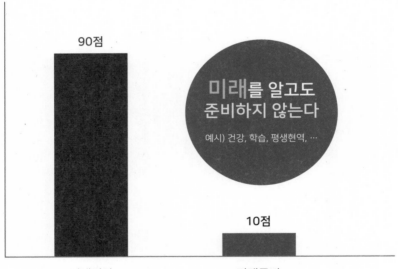

90점

미래를 알고도
준비하지 않는다

예시) 건강, 학습, 평생현역, …

10점

미래전망   미래준비

우리는 다가올 미래모습을 잘 알지만
잘 준비하지는 않는다.

나의 미래준비 점수는?

9
미래를 맞이하는 태도

태도1

두려운
적

태도2

반가운
친구

나는 미래를 어떤 태도로 맞이하고 있을까?

※ 아이디어 출처: 롤프 옌센, 〈르네상스 소사이어티〉

10
미래를 보는 관점

미래를 보는 관점 1

미래는 큰 변화가 없다
↓
어제 ≒ 오늘 ≒ 내일
↓
미래는 주어진다

미래를 보는 관점 2

미래는 변한다
↓
어제 ≠ 오늘 ≠ 내일
↓
미래는 새로 만들 수 있다

미래를 보는 두 관점:

나는 미래를 어떤 관점에서 보고 있는가?

||
불확실성을 보는 관점

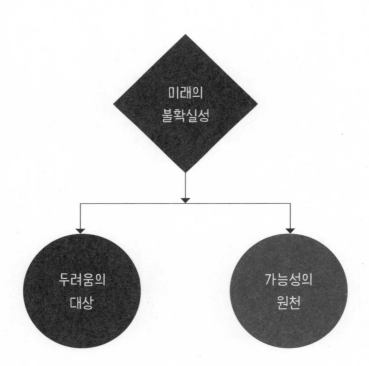

미래의
불확실성

두려움의
대상

가능성의
원천

미래의 불확실성은 나에게 어떤 의미인가?:

두려움의 대상 or 가능성의 원천

리스크를 보는 관점

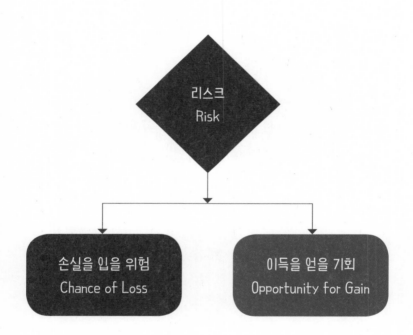

리스크를 정의하는 두 개의 서로 다른 관점:
손실을 입을 위험 or 이득을 얻을 기회

리스크를 바라보는 나의 관점은?

탐험 쉼터 ④: 인공지능 vs 고령화

우리가 살고 있는 21세기는 참 독특한 시대다. 사회를 근본적으로 뒤흔드는 두 개의 혁명적인 변화가 동시에 일어나고 있다. 4차 산업혁명으로도 불리는 인공지능(AI)혁명과 고령화혁명으로도 부를 수 있는 장수혁명이 그것이다.

AI혁명으로 수많은 비즈니스와 서비스가 지능화되고 있다. 사람들이 하던 대부분의 일을 지능형 로봇이 대신하게 될 것이다. AI혁명은 우리 사회와 사람들의 삶을 송두리째 바꾸어놓을 것으로 예상된다.

한편, 고령자들의 비중이 급속히 증가하고 있고, 개인의 수명이 100세, 120세로 늘어나는 장수시대가 시작되고 있다. AI혁명과 함께 장수혁명도 사회시스템과 개인의 인생을 근본적으로 바꿀 것으로 보인다.

여기서 질문을 하나 던져보자. AI혁명과 장수혁명 중 어느 것이 더 중요할까? 둘 다 정말 중요한 변화지만 하나만 고르라면 어느 쪽일까?

필자는 지난 30여 년간 디지털을 연구해 왔다. 빅데이터, 클라우드, AI의 확산에도 나름 기여하였다. 그럼에도 필자는 AI혁명보다 장수혁명이 더욱 중요하다고 생각한다. 이유는 이렇다.

거시적인 사회변화 측면에서 AI혁명은 커다란 사건이지만, 개개인 인생의 관점에서 보면 장수혁명이 보다 중요하다. AI혁명은 내가 없이도 진행되는 기술혁명이지만, 장수혁명은 이 세상에서 가장 소중한 나 자신의 인생혁명이기 때문이다.

대부분의 사람들이 전혀 예상하지도 기대하지도 않았지만, 생명과학, 유전공학, 의학의 발전으로 40년 가까운 전혀 새로운 인생,

새로운 시간이 우리 앞에 덤으로 뚝 떨어진 셈이다. 그래서 개인적인 인생변화라는 측면에서는 장수혁명이 훨씬 중요하다.

1960년에 평균수명은 겨우 55세였다. 이때만 해도 인생 전반전이 50년이었다면 인생 후반전은 불과 10년, 많아도 20년 남짓했다. 지금은 어떤가? 인생 전반전을 50년으로 보면, 인생 후반전도 50년이나 된다. 수명이 늘면서 앞으로는 인생 후반전이 전반전보다 더 길어질 것이다.

시작도 중요하지만 끝도 중요하다. 우리 인생에 있어서는 더욱더 그렇다. 고령화혁명, 장수혁명으로 100세 시대가 되면서 인생 전반전보다 더 긴 인생 후반전이 우리를 기다리고 있다. 인생 전반전에 대한 준비 이상으로 인생 후반전을 위한 만반의 대비가 필요하다. 인공지능 시대를 위한 대응도 필요하지만, 길어진 내 인생을 위한 준비가 더 절실하다.

10대, 20대에 취업과 사회진출을 위해 열심히 노력했던 것처럼, 이제는 40대, 50대에 다시 한번 인생 후반전을 위한 준비를 더 착실히 해야 한다. 예를 들면, 건강과 역량부터. 60대라도 늦지 않았다. 늦다고 생각할 때가 남은 시간 중 가장 빠를 때다.

제대로 된 준비 없이 자신이 120세를 넘게 사는 모습을 한번 상상해 보자. 그래서는 안 될 것 같다. 아무도 전혀 예상치 못했던 새로운 120세 시대를 맞이해야 한다. 따라서 AI혁명보다 장수혁명이 더 중요하다.

제5장

탐험
전략

| 미래를 그리는 방법

예상하는 미래

MAY-BE
미래

꿈꾸는 미래

TO-BE
미래

항상 두 개의 미래를 그려보라

그리고 TO-BE미래를 위해
꼭 해야 할 가장 중요한 일 한 가지를 찾아서 하라

2
질문이 먼저다

닭과 계란: 어느 것이 먼저일까? 애매!

질문과 답: 어느 것이 먼저일까? 질문이 먼저다!

질문과 답:

질문과 답, 어느 것이 먼저일까? 질문이 먼저다!
좋은 질문을 만드는 데 시간투자를 많이 해야 한다.

3
행복에 관한 질문

행복에 관한 질문 1

> 문: 행복은 왜
>   오래가지 않을까?
>   ↓
> 답: 행복은
>   느끼는 것이기 때문

행복에 관한 질문 2

> 문: 오래오래
>   행복하기 위해서는?
>   ↓
> 답: 매 순간
>   행복을 느끼는 게 필요

행복과 느낌:

오래오래 행복하려면
매 순간 행복을 느끼려고 노력하는 것이 필요하다.

4
프레임 전환

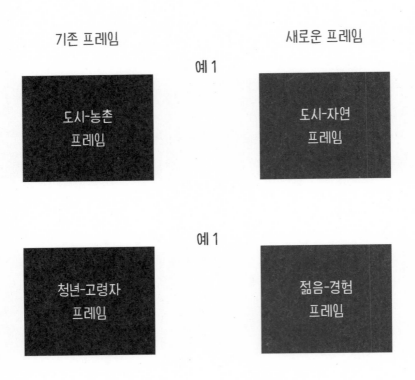

기존 프레임　　　　　　　　새로운 프레임

예 1

도시-농촌
프레임

도시-자연
프레임

예 1

청년-고령자
프레임

젊음-경험
프레임

기존 프레임   새로운 프레임

대립 프레임   보완 프레임
우·열 프레임   강점·강점 프레임

5
원점사고

연장사고 VS 원점사고

사람들은 보통 연장사고를 한다.
그러나 때로는 원점사고도 필요하다.
원점에서 검토할수록 가능성은 더 커질 수 있다.

6
꿈

미래를 만드는 새로운 자원:

가용한 자원이
노동, 토지, 자본, 기술뿐인 시대는 지나갔다.

모든 개인들이 가진 꿈이 새로운 자원이다.

1
21세기형 자원

20세기까지의 자원

21세기의 새로운 자원

노동	토지
자본	기술

꿈	희망
자유	공감

20세기까지의 자원 vs 21세기의 새로운 자원

가용한 자원이
노동, 토지, 자본, 기술뿐인 시대는 지나갔다.

꿈, 희망, 공감, 자유와 같은
눈에 보이지 않는 무형자원들을 활용할 때다.

8
자유가 힘

개인과 사회의
문제해결과 지속성장을 위한
진정한 힘은 어디서 나오는가?

개개인의
자유와 자율

각자의 개성에 맞게 자신이 원하는 대로 삶을 꾸려나가는 자유가
가장 소중한 자유다.
우리는 자기 식대로 살아가다 일이 잘못되어 고통을 당할 수도 있다.
그러나 설령 그런 경우를 만나더라도 자신이 선택한 길을 가게 되면,
다른 사람이 좋다고 생각하는 길로 억지로 끌려가는 것보다
궁극적으로 더 많은 것을 얻게 된다.
인간은 바로 그런 존재다.

- 존 스튜어트 밀(1806~1873), 〈자유론〉 -

9
삶과 자유

자유 가운데서도 가장 소중하고 또 유일하게 자유라는 이름으로 불릴 수 있는 것은, 각자의 개성에 맞게 각자 자신이 원하는 대로 자신의 삶을 설계하고 꾸려나가는 자유이다.

이러한 자유, 특히 각자가 가진 개별성의 발휘는 행복한 삶을 위한 가장 중요하고 근본적인 요소다.

- 존 스튜어트 밀, 〈자유론〉을 일부 수정 -

10

일요일 vs 52일

365일(1년) ÷ 7일(1주) = 52일

일요일 하루를 잘 활용하면
일년에 52일을 잘 활용하게 되는 셈이다.

일요일 하루의 습관 = 1년 52일 동안의 습관

탐험 쉼터 ⑤: 자유가 힘이다

낯선 곳을 가보면 뜻밖에 좋은 것을 발견하곤 한다. 그래서 여행이나 새로운 경험을 더 자주 많이 시도해 볼 필요가 있는 거 같다.

얼마 전에 정신건강의 미래를 주제로 국립정신건강센터에서 행사를 공동개최했다. 처음 가보는 낯선 곳이었는데, 센터장 집무실 앞에 걸린 액자가 인상적이었다. '자유가 치료다' 여섯 글자로만 된 단순한 액자였지만, 그걸 본 순간 뭔가 대단한 발견이나 한 듯이 기뻤다.

신체건강도 중요하지만 그 못지않게 정신건강도 중요하다. 사회 변화 추세를 보면 정신건강은 갈수록 더 중요해질 것으로 보인다. 정신건강을 위해서 다양한 치료법이 있겠지만, 최고의 방법은 자유라고 그 액자가 말하고 있었다.

자유라는 이름의 이 독특한 치료법은 정신건강에 장애를 겪고 있는 사람뿐만 아니라, 어쩌면 누구에게나 적용될 수 있는 해법의 하나가 아닐까 싶다. 존 스튜어트 밀이 〈자유론〉에서 던진 한마디가 그 이유를 말해준다.

'각자의 개성에 맞게 자신이 원하는 대로 삶을 꾸려나가는 자유가 가장 소중한 자유다. 우리는 자기 식대로 살아가다 일이 잘못되어 고통을 당할 수도 있다. 그러나 설령 그런 경우를 만나더라도 자신이 선택한 길을 가게 되면, 다른 사람이 좋다고 생각하는 길로 억지로 끌려가는 것보다 궁극적으로는 더 많은 것을 얻게 된다. 인간은 바로 그런 존재다.'

학생들은 공부와 성적에 시달린다. 자신만을 위한 여유가 부족하고 자유가 없다. 성적에만 매달리지 않고 자신이 해보고 싶은 것을 자유롭게 하도록 하면 어떻게 될까? 부모와 어른들은 방임과 일탈을 걱정할 수도 있겠지만, 길게 보면 오히려 지금보다 나은 모습으로 성장하리라 필자는 믿는다.

학교와 대학이 제 역할을 못하고 있다고 한다. 교육부와 교육청의 관리와 통제에 비해 자율권이 부족하다. 학교와 대학에 자유와 자율을 대폭 늘리면 어떻게 될까? 물론 책임도 비례해서 늘린다. 시간이 지나면 전체적인 성과는 더 좋아질 것이라 생각한다.

기업은 어떨까? 저성장 속에서 끊임없는 도전과 혁신이 필요한데, 제재와 규제가 너무 많은 게 아닐까? 중소기업을 보호하려다 오히려 자생력을 떨어뜨릴 위험은 없을까? 규제를 대폭 완화하고 자유와 자율을 늘릴 때 산업과 경제는 한층 더 좋아질 거라고 믿는다.

지자체 운영도 마찬가지다. 중앙정부와 지자체의 관계는 아직도 수직적이다. 기능과 재정 측면에서 지자체의 권한은 여전히 종속적이고 수동적이다. 권한이 부족하니 책임감도 떨어진다. 지자체의

역량이 부족하다고 걱정하지만, 자유를 줄수록 역량도 점차 커지게
된다. 지자체의 자율과 권한을 더 늘려야 진정한 자치분권이 가능
해진다.

  자유를 주면 시행착오도 많아지고 실패확률도 높아질 수 있다.
그런데도 자유와 자율은 단점보다 장점이 훨씬 많다. 자유는 각자
가 원하는 바를 자기 방식대로 추구하게 만드는 힘이 있다. 개인과
사회의 지속성장을 위한 열쇠다. 자유가 치료다. 자유가 힘이다.

제6장

미래
역량

ㅣ
4대 미래역량

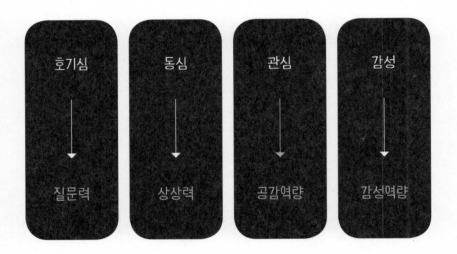

인공지능에 맞서 키워야 할 4대 인간역량:

호기심, 동심, 관심, 감성
→ 질문력, 상상력, 공감역량, 감성역량

2
두 가지 교육

두 가지 교육(1)

학교
교육

&

평생
학습

두 가지 교육(2)

학교
교육

&

셀프
교육

사람은 누구나 두 가지 교육을 받는다.
하나는 타인으로부터 받는 교육이고
다른 하나는 자기 스스로 배우는 것으로
후자가 훨씬 중요하다.

- 에드워드 기번(1737~1794), 〈로마제국 쇠망사〉 저자 -

3
학교교육 vs 평생학습

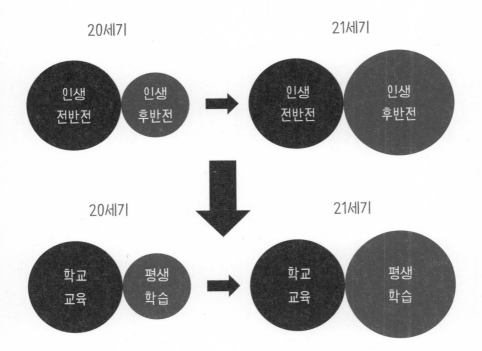

21세기의 인생과 학습:

인생 전반전 〈 인생 후반전
학교교육 〈 평생학습

4
21세기형 교양교육

20세기의 교양교육

인문학
문학,역사,철학

21세기형 교양교육

건강&안전학
건강,스포츠,안전

인문학
문학,역사,철학

과학&공학
과학,공학,의학

교양의 내용이 바뀌고 있다.
문학, 역사, 철학과 함께
과학과 공학, 건강과 스포츠, 안전 등이
21세기의 교양교육에 포함되어야 한다.

5
새로운 교육, 개성교육

개성교육:

개개인이 가진 개성, 소질, 재능, 꿈, 잠재력을 실현하는 교육
= 자기 개성의 실현을 돕는 교육
= 자기실현 교육

6
미래자본

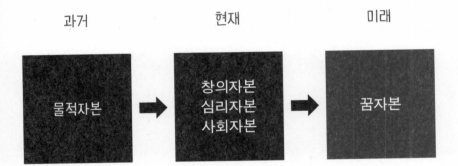

과거　　　　　현재　　　　　미래

물적자본 → 창의자본
심리자본
사회자본 → 꿈자본

미래 제1의 자본은?

꿈자본
Dream Capital

1
일이 주는 혜택

| 일이 주는
혜택 | = | 금전적
혜택 | + | 비금전적
혜택 |

202

일이 주는 두 종류의 혜택:

1. 금전적 혜택: 소득
2. 비금전적 혜택: 성취감, 보람, 건강, 관계, 시간활용 …

일과 소득곡선

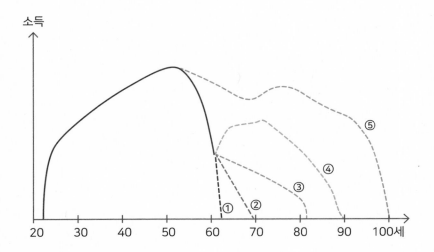

Q: 100세 시대 일과 소득에 관한 나의 생애설계모델은?

A: ①에서 ②, ③, ④, ⑤로 이동!

9
스포츠와 인생

일종의 스포츠로서
성공을 추구하는 사람은
건전하다.

- 미키 기요시(三木淸, 1897~1945), 〈인생론 노트〉 중 -

스포츠: 이길 때도 있고 질 때도 있다

인생: 성공할 때도 있고 실패할 때도 있다

10
자연은 비타민N

자연은

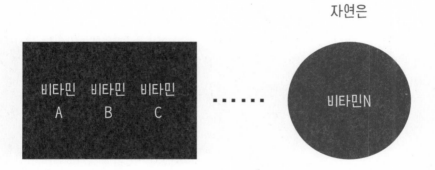

비타민
A 비타민
B 비타민
C ······ 비타민N

자연은 비타민N(Nature)!

개인발전 vs 사회발전 (1)

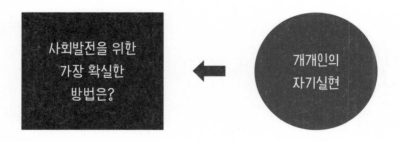

사회발전을 위한 가장 확실한 방법은? ← 개개인의 자기실현

개개인의 자기발전, 그것은
사회발전의 가장 작은 단위이면서
가장 확실한 방법이다.

- 이부영, 〈자기와 자기실현〉에서 일부 수정 -

개인발전 vs 사회발전 (2)

12

사회발전 = Σ(사회구성원 개개인의 자기실현)

개개인의 자기발전, 그것은
사회발전의 가장 작은 단위이면서
가장 확실한 방법이다.

- 이부영, 〈자기와 자기실현〉에서 일부 수정 -

탐험 쉼터 ⑥: 미래는 □□다

12월 31일이다. 올해가 저물고 새해가 곧 시작된다. '모든 출구는 어디론가의 입구다'란 말이 떠오른다. 오늘은 유난히도 과거와 미래를 함께 생각하게 만드는 특별한 날이다.

대학에서 강의를 할 때 학생들에게 꼭 하던 질문이 있다. 미래를 한마디로 하면 무엇이라고 생각합니까? 하는 물음이다. 대답은 각양각색이다. 미래는 시간이다-다가올 시간이니까. 미래는 안개다-잘 안보이니까. 미래는 주물럭이다-이렇게도 저렇게도 되니까. 미래는 골칫덩어리다-생각하면 머리가 아프니까… 기발한 대답들이 쏟아진다.

미래를 사전에서 찾아보면 '앞으로 올 시간'으로 나온다. 그런데 시간이란 의미만으로 미래를 표현하기에는 뭔가 아쉽다. 시간은 과거에서 현재, 미래로 한 치도 어김없이 흐르면서 변한다. 그리고 시간과 함께 공간, 인간, 사물, 현상이 존재하고, 시간의 변화와 함께 모든 것이 변한다. 그래서 미래가 뭐냐고 필자에게 물으면 '미래는 변화다'라고 답한다.

이렇게 정의해도 미래는 여전히 추상적이다. 손에 잘 잡히지 않는다. 보이지 않는 미래를 좀 더 구체적으로 체감하게 만드는 방법은 없을까? 몇 가지 제안해 본다.

첫째는 현재를 사용해서 미래를 정의하는 방법이다. 미래는 우리에게 곧 다가올 현재이고, 우리가 곧 살아갈 현재라고 표현하는 것이다. 미래를 이렇게 바라보면 좀 더 생생하게 미래를 느끼고 준비하게 해준다.

다음은 미래를 복수로 생각하는 것이다. 미래는 미리 정해진 하나가 아니다. 수많은 요인들에 의해 변할 수 있고, 어떻게 준비하느냐에 따라 전혀 달라질 수 있다. 그래서 미래를 영어로는 Future라는 추상명사로도 쓰지만 Futures라고 복수로 표현하기도 한다. 현재가 되기 바로 직전까지 미래는 여러 개로 존재한다.

셋째는 미래를 동사형으로 바라보는 것이다. 미래를 사전에서처럼 명사로 정의하면 미래는 정적이고 미래에 대해 수동적인 느낌이 든다. 그런데 Futuring이라는 동명사를 써서 미래를 동사형으로 쓸 수도 있다. 우리말로 옮기면 미래만들기, 미래디자인쯤 될 듯싶다. 이렇게 표현하면 우리가 원하는 미래를 탐색하고 시도하고 만들어 가는 느낌을 준다. 미래가 좀 더 동적이고 능동적으로 바뀐다.

E.H.카는 역사를 과거와 현재의 대화라고 했다. 역사를 통해 현재에 유익한 과거의 지혜를 배운다. 마찬가지로 더 나은 내일을 위해서는 현재와 미래의 능동적인 대화가 필요하다. 세상과 나를 파악하는 지피지기, 중장기 비전과 목표 설정, 미래를 준비하는 습관만들기와 역량개발이 그런 실천적 대화, Futuring의 예가 될 수 있다.

미래는 변화다. 미래는 기회와 준비의 만남으로 이루어지는 변화다. 자신만의 방식으로 미래를 좀 더 생생하게 보이게 하고 느끼자. 그리고 자기만의 방법으로 더 나은 습관을 만들고 준비해서, 새해에는 우리 모두가 자신이 원하는 미래를 차근차근 함께 만들어가기를 희망한다.

그림으로 생각하는 인생디자인 미래디자인

이 책을 선택해서 읽어주신 독자들께 진심으로 감사드린다. 나라는 나라, 100년간의 자기탐험을 위해 작은 도움이 되었기를 바란다.

피카소는 생전에 2만 점이 넘는 그림을 그렸다고 한다. 피카소의 그림들은 지금도 전 세계 사람들에게 사랑을 받고 있다. 필자도 피카소를 닮고 싶다. 인생 디자인과 미래 디자인에 유익한 그림들을 계속 그려서 사람들에게 미래를 열어가는 실마리를 건네며 도움이 되고 싶다. 그렇게 미래만들기 그림을 그린 지도 벌써 12년째다.

이 책은 나의 미래, 나를 찾아가는 100년간의 자기탐험을 준비하는 데 도움이 되는 그림들을 담고 있다. 독자들이 한 페이지에 하나씩 있는, 단순하지만 스스로 생각하게 만드는 그림들을 보면서 나의 인생, 나의 미래를 그려보고 준비하는 특별한 시간이 되었기를 소망한다. 아마도 똑같은 그림을 보더라도 독자에 따라 다른 생각, 다른 아이디어를 떠올렸을 것이다. 그것이 이 책만이 가진 숨은 장점이 아닐까 싶다.

책에 담긴 100여 개의 그림 중 몇 개는 독자의 마음속에 오래오래 남아, 미래의 바다, 자기탐험의 파고를 헤쳐 가는 데 도움과 힘을 주는 마법의 그림이 되기를 간절히 바란다.

저자 김현곤

우리 삶은 우리 손에 달려 있습니다

권선복
도서출판 행복에너지 대표이사
대한노인회 정책위원

백문이 불여일견이라고 백 마디 말보다 한 장의 그림이 더 많은 것을 설명해 줄 때가 있습니다.

이 책, 『100년간의 자기탐험』도 그러한 책입니다. 저자님은 구구절절이 말하고 싶은 바를 설명하지 않습니다. 책의 주제를 드러내는 방식은 '설명'이라기보다는 '질문'에 가깝습니다. 단순한 그림들 속에서 독자는 스스로 해답을 발견하기 위해 주도적으로 사색해야 합니다. 작가가 떠먹여주는 것이 아닌, 독자가 탐구하고 끄집어내야 하는 작업을 거쳐야 하는지라 쉽사리 페이지를 넘길 수 없습니다.

저자님은 100세 시대를 맞이하여 인생이라는 망망대해에서의 '탐험'을 어떻게 헤쳐 나가야 하는지 가이드를 제공하기 위해 본서를 집필하였다고 밝힙니다. 본서의 단순한 그림과 글귀를 통해 미래의 삶과 자신에 대한 통찰력을 길러 보시길 바랍니다.

독자 여러분은 어떤 삶을 살고 싶으신가요? 스스로 생각하는 힘을 기르고 앞으로 펼쳐질 인생을 준비해 봅시다. 우리는 무궁무진한 가능성의 세계를 눈앞에 두고 있습니다. 획기적 패러다임의 변화가 필요한 시기입니다. 미래가 어떻게 펼쳐지든 여러분의 가능성은 여러분 안에 있습니다. 환경과 관계없이 본인이 가지고 있는 잠재력을 이끌어 내시길 바랍니다. 더 나은 미래를 위한 준비도 철저히 하여 다가오는 기회를 놓치지 말고 낚아채 꽉 물어보시길 바랍니다.

본서를 통해 사색의 기회를 제공해 주신 저자 김현곤 님께 감사의 말씀을 드립니다. 책이 반드시 활자로만 채워질 필요는 없다는 획기적인 아이디어를 내셨습니다. 발상의 전환을 통해 다시 한번 독자에게 깨우침의 울림을 주셨습니다.

독자 여러분께서는 본서를 읽으시며 빈 공간에 본인만의 생각을 적어 봅시다. 그래서 이 한 권의 책을 본인의 인생 가이드이자 미래 계획서로 만들어 보시는 건 어떨까요? 시간이 날 때마다 틈틈이 살펴보시면 어느 순간 눈이 번쩍 뜨이듯 멋진 아이디어가 주어질지도 모릅니다.

2022 임인년을 맞이한 지도 어느새 두 달이 훌쩍 넘어가고 있습니다.

모두 새해 계획은 잘 지키고 계신가요? 본서를 손에 드셨다면 다시금 그 계획을 굳게 마음속에 품어 보시길 바랍니다. 여러분의 미래는 여러분의 손에 달려 있습니다.

다가올 봄을 기다리며, 독자 여러분의 가슴속에 행복한 에너지가 팡팡팡! 터지기를 기원 드리겠습니다. 여러분이 주인공입니다!

감사합니다.

도서출판 '행복에너지'의 해피 대한민국 프로젝트!
〈모교 책 보내기 운동〉

"좋은 책을 읽는 것은 과거의 가장 뛰어난 사람들과 대화를 나누는 것과 같다."
철학자 데카르트의 말입니다. 빌 게이츠 회장은 "오늘의 나를 있게 한 것은 우리 마을 도서관이었다. 하버드대학 졸업장보다 소중한 것이 독서 하는 습관이다"라고 강조했습니다.

책은 풍요로운 인생을 위해 절대적으로 필요한 도구입니다. 특히 청소년기에 독서의 중요성은 아무리 강조해도 지나침이 없습니다. 하지만 우리나라 청소년들의 독서율은 부끄러운 수준입니다. 무엇보다도 읽을 책이 부족한 실정입니다. 많은 학교의 도서관이 가난해지고 있습니다. 학생들의 마음 또한 가난해진 상태입니다. 지금 학교 도서관에는 색이 바랜 오래된 책들이 쌓여 있습니다. 이런 책을 우리 학생들이 얼마나 읽고 싶어 할까요?

게임과 스마트폰에 중독된 초등과 중등학생들, 대학 입시 위주의 교육에서 수능에만 매달리는 고등학생들, 치열한 취업 준비에 매몰되어 책 읽을 시간조차 낼 수 없는 대학생들. 이런 상황에서도 학생들이 책을 읽고 꿈을 꾸고 도전할 수 있도록 책을 읽는 분위기를 조성해야 합니다. 학생들이 읽을 수 있는 좋은 책을 구비할 필요가 있습니다.

저희 도서출판 '행복에너지'에서는 베스트셀러와 각종 기관에서 우수도서로 선정된 도서를 중심으로 〈모교 책 보내기 운동〉을 전개하고 있습니다.

대한민국의 미래, 젊은 꿈나무들에게 좋은 책을 보내주십시오!

독자 여러분의 자랑스러운 모교에 보내진 한 권의 소중한 책은 학생들의 꿈과 마음을 더욱 풍요롭게 하는 촉매제가 될 것입니다.

책을 사랑하시는 독자 여러분의 많은 관심과 참여를 부탁드립니다.

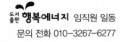

도서출판 행복에너지 임직원 일동
문의 전화 010-3267-6277